Ese lugar de las sillas vacías

Clara Freire López

Aliar ediciones

Corrección: Inés González Calo
Diseño de cubierta: Mónica Morales
Ilustraciones: Kevin Da Silva
Maquetación: Aliar Ediciones

Depósito Legal: GR 22-2026
ISBN: 979-13-88058-48-6

Impreso en España

Edita
ALIAR Ediciones
www.aliarediciones.es
info@aliarediciones.es

Ese lugar de las sillas vacías

Clara Freire López

El extranjero no solo es el otro, nosotros mismos lo fuimos o lo seremos,
ayer o mañana, al albur de un destino incierto:
cada uno de nosotros es un extranjero en potencia.
Tzvetan Todorov

Un extraño lleva siempre su patria bajo el brazo
Nelly Sachs

Agradecimientos

A mis padres.

A mis hijas, Giovanna y Clara Eugenia, por el privilegio de estar en sus vidas.

A Mati, por el título de la obra en un día de playa.

A Carmen, por siempre estar.

A María Dolores (mi querida Coco) y a Laura, por acompañar este libro con su arte y su sapiencia. Su compañía en estos años ha sido sostén y cobijo.

A Kevin, por ilustrar mis alegrías y mis miedos y por el honor de ser su madrina.

A aquellos que conforman mi familia afectiva, sin los cuales no hubiera sido posible sobrevivir a la rotura.

A Clara, por el valor.

Miradas desde el extrarradio

Escribir poesía es un acto de atención radical. Tomo prestada esta afirmación de otra poeta venezolana, Hanni Ossot, quien nos recuerda que el poema es una forma de atención y revelación; un detenerse ante la realidad para rescatarla de la indiferencia.

Al recibir el regalo de prologar *Ese lugar de las sillas vacías*, me tuve que enfrentar a un texto que supera lo literario para volverse testimonio contemporáneo. Es difícil —quizá innecesario— alejarse de él. Sin embargo, usando las máscaras que todos tenemos para protegernos, intenté trabajar primero desde una lectura crítica. Era el punto de partida y el acompañamiento que necesitaba en mi lectura, ahora sí confirmo, totalmente subjetiva, para poder estructurar mis palabras. Y mi conclusión rotunda: la poética que desarrolla aquí Clara Freire es el último refugio cuando ya no queda lo material. Así, defiendo y proclamo que la voz poética de este libro es, al mismo tiempo, individual y colectiva. Es un resguardo de lenguaje que se alza justo donde la seguridad del hogar, de lo doméstico, termina.

Y es que en este poemario, la casa, la habitación (y por ampliación, la ciudad y el país) dejan de ser universos protectores. Se transforman en trincheras que en algún momento habrá que abandonar. Pero el alma del hogar persigue; es esa clave, esa «presencia en la ausencia» la que nos permite entrar en el desmembramiento del exilio.

Freire opera mediante el acopio de faltas, como si levantara un censo del vacío. Asume el rol de cronista de lo invisible y convierte la poesía en el verdadero registro civil en un ambiente donde las cifras han perdido su valor. Quizás por eso, en todo el poemario hay un tono de urgencia contenida. Prima el silencio con una enumeración dolorosa de lo perdido, también de lo acontecido y lo absurdo. Pero aunque el espacio público se llene de ruido, la atmósfera interior calla.

También desde el título, *Ese lugar de las sillas vacías* se establece una paradoja ontológica, el vacío no es la nada. El vacío es un lugar, es una entidad física que ocupa espacio. El espacio —sobre todo el espacio íntimo del hogar— estará plagado de objetos que dejan de ser cosas para convertirse, a la fuerza, en símbolos. La voz poética nos lo dice desde el principio: «Lleno las sillas con aliento humano». Ante la despoblación física de la mesa familiar, ese altar doméstico que tanto se ha reivindicado como espacio político, el yo lírico debe realizar un acto de respiración asistida sobre la realidad. No hay cuerpos, hay muertos vivos. Falta la carne, pero queda la memoria.

La casa retorna una y otra vez como obsesión. Para Gaston Bachelard, la vivienda es nuestro primer universo, un ser privilegiado que nos protege de las tormentas del cielo. Pero esa casa anclada en Caracas ha perdido su membrana protectora. Ya no es el «no-yo» que protege al «yo», sino una estructura permeable al miedo. En la casa ha entrado el exterior; ha entrado «el hambre que babea mientras suena la música». Las puertas ya no sirven para acoger al invitado, sino para mantener al enemigo a raya. A pesar de todo, la voz lírica lucha por sostener las rutinas en una arquitectura horizontal que se vuelve laberíntica. Freire describe madera gastada, mármol hendido, yeso amarillento. El deterioro de las molduras adquiere valores simbólicos que van desde el sujeto hasta el proyecto de país.

A pesar de todo, la voz poética lucha por mantener las rutinas, la presencia y la bienvenida en una casa horizontal que se vuelve laberíntica y vacía al mismo tiempo. Freire describe madera gastada, mármol hendido, amarillento yeso, molduras desconchadas. La casa se llena de historias personales y ese deterioro adquiere valores simbólicos que van desde el sujeto lírico hasta el proyecto de país.

También hay un afuera. Allí la muerte está mucho más patente, aceptada con un estoicismo que estremece. Aparece la resignación ante una necropolítica que asigna el final con la misma burocracia con la que se marca «el ticket del día para comprar pollo». Entiendo estos poemas en prosa como un brote indignado que, en el fondo, anhela el silencio, es decir, una especie de condensación del sufrimiento preverbal que a veces no se puede contener. Pero, en general, es la ausencia la que prima: ausencia de comunicación, ausencia de futuro, ausencia de palabra.

Continuando con el sonido de este poemario, durante el recorrido, hallé una densidad atmosférica seca y profundamente lírica. Una voz sin desbordamiento dramático. Freire utiliza frases breves, casi veredictos: «No es una ciudad, es un polvorín». Y es a través de este lenguaje exento de pathos como aprecio la herida, porque el poema no explica la muerte; la presenta como un hecho. Como un dato cargado de oscuridad y frío. Ninguno de los dos estados es metafísico, sino literal: «Nos lavamos las manos con agua negra». La crisis de los servicios básicos se eleva a categoría poética. La crisis de los servicios básicos se eleva a categoría poética que, a su vez, se convierte en símbolo. Es así como funciona la poesía y es así como funciona cuando llega al otro; porque la expresión desde la herida abierta, aunque necesaria, creo que gana impacto, pero pierde fuerza. En esta lectura el golpe me llega con lo sutil, con el gesto de los brazos caídos: la resignación.

Todo se juega en este poemario con esa sutilidad y esa disonancia entre el afuera y el adentro; entre la casa y el acto de dejar la casa; entre los objetos que se acumulan y los que hay que abandonar. Tampoco olvido el valor documental: el texto no flota, está anclado en la historia reciente. Se mezclan objetos cotidianos con términos militares como «ejecución sumaria». En ocasiones no hay metáfora capaz de cubrir la realidad de un arma disparada contra una vivienda.

Qué enorme dificultad acoger así la casa y la ciudad, lo de dentro y lo de fuera, lo que fue y lo que no será. Pienso también en la tensión entre el espacio y la realidad. En la materialidad del vuelo, en la altitud de crucero y en la distancia de 6.702 kilómetros, punto exacto donde quizás se encuentra, donde el concepto de hogar se disuelve definitivamente. Pero no es el único umbral en este libro repleto de ventanas y puertas que no son una simple barrera, sino lugares donde la poeta atisba el inicio de una orfandad. La palabra poética intenta nombrar esa orfandad continuamente.

«Cerramos la puerta de madera, el polvo queda como guardián».

La huida. La casa onírica, la casa natal, se abandona por supervivencia. Dejar al polvo como guardián implica asumir que la casa morirá sola. Esta es otra de las claves que, como lectora y amiga, me estremece: la asunción de lo inevitable; la muerte desde la ausencia. El abismo entre el desarraigo y el acto de nombrarlo. Difícil misión, porque ¿qué palabra puede contener el momento exacto en que una vida cambia?

Freire lo aborda con un universo de muertos vivos que caminan por otras geografías. En una casa donde nada te pertenece, «el aire suena enrarecido». Vuelvo a Hanni Ossot y a su *Memoria y alma de la casa*. Ella dice que fundamos una casa nueva con la memoria de la casa de la infancia, pero en el exilio esta fundación es imposible porque el suelo mismo se mueve. La casa de la infancia empieza a perder sus valores y se llena de miedo, otra de las palabras claves de este poemario. Si la casa física falla, si la casa emocional falla, lo único que nos queda es el cuerpo. Sin embargo, cuando hay que empacar la vida en cajas, algo en el cuerpo también se rompe.

Se me hace imposible pensar cómo es dejar atrás todos los objetos que nos constituyen. Miro con dolor este acto aparentemente banal. Es también una pérdida de la memoria: ¿dónde quedaron los tazones de china del abuelo, la caja de té de madera? Al final, «la vida es lo que no encaja».

Tras esto, llega el viaje. Se despliega la cartografía de la distancia: esos 6.702 kilómetros dejan de ser una cifra para convertirse en una coordenada vital. No es solo latitud; hay una altura que marca el vértigo. Tras esto, llega el frío. El yo poético, habitante solar por naturaleza, experimenta el frío. Ante él, hay que trazar territorio nuevo, muchas veces con objetos simples, como una manta gris. La poética transforma el lugar en escenario de resistencia y duelo.

Confirmo algo que ya había intuido en mi vida compartida con Clara Freire: la diáspora no se detiene al cerrar la puerta. La memoria arrastra los sonidos, las tanquetas, el desasosiego, llevándolos a una nueva ciudad. Observo desde mi orilla un dolor que no siempre sangra hacia fuera. Es un grito mudo ante la pérdida del lenguaje cotidiano. Y, al mismo tiempo, encuentro un canto a la resistencia. Cuando se ha perdido el hogar, el lenguaje permanece.

Observo, desde mi orilla, que hay un dolor que no siempre sangra hacia fuera. Es un grito silencioso y resignado ante la pérdida del lenguaje cotidiano, ante ese frío que entra por los tobillos e impregna todo de silencio y ausencia. Y, al mismo tiempo, en esa resignación encuentro un inmenso canto a la resistencia. Porque si el desarraigo es la pérdida, la palabra trabaja en el hallazgo de la fuerza: cuando se han perdido la casa, los objetos y la ciudad, el lenguaje permanece. Termino de escribir estas líneas desde la comodidad de quien mira el horizonte sin tener que cruzarlo. Yo estoy en la periferia y Clara Freire se pinta los labios de rojo, plancha un vestido y abre una puerta —otra vez— para invitarnos a la casa. He sentido cómo ciertas palabras cambian de consistencia: «ventanas», «cajas», «hogar» adquieren bordes espesos. He intentado recogerlas con el cuidado de quien transporta algo sagrado. Me gustaría llenar una mesa nueva con estas palabras como ofrenda, para que las sillas vacías no se sientan desocupadas. Que podamos reunirnos alrededor brindando por nosotros mismos. Esta es mi forma de reconocimiento: mirar las huellas y aceptar que somos frágiles. Que el azar es injusto y la presencia se nos puede negar a cualquiera. Soy un testigo con una responsabilidad: no dejar que el silencio llene de polvo los objetos.

Entren y escuchen.

Laura García de Luca

Nada inhumano me es ajeno

Un conocido poema de Rilke dice: «Deja que todo suceda: belleza y terror. /Solo sigue adelante. /Ningún sentimiento es definitivo». Y unos versos más adelante, afirma: «Ve a los límites de tu anhelo».

No se trata de que, pacientemente, le permitamos a la vida que nos deje, como la marea, belleza y terror, a nuestros pies. Se trata de saber qué hacer con la dosis correspondiente de ambas magnitudes para que seguir adelante no sea un mero sobrevivir. No sea un paseo doliente por el mundo, un simple estar vacío de sentido. O una entrega hueca a algún Dios que tampoco conoce de imposibles.

Este poemario habla de conjugar belleza y horror. Habla de que puede haber belleza en ese espacio donde las sillas vacías exhiben sin pudor la colección del daño insoportable.

Somos venezolanos y nada inhumano nos es ajeno. Levantar el inventario de oprobios no es el objetivo de este trabajo. Eso se puede hacer, a escondidas, en las noticias manipuladas, en los comentarios inútiles, en las declaraciones huecas de los expertos. Y sobre todo, en los pases mágicos de los charlatanes de turno.

Arrancarle el velo abominable a lo que nos destruye por los cuatro costados es la misión de esta palabra que se niega a caer en las garras de la resignación, el silencio y el miedo.

Para eso sirve la escritura. Para que ese «despierto y no amanezco» que grita su desesperación, corone la cima y, gracias a la poesía, podamos acceder a la magia de ver amanecer. Para que «abrir los ojos y no ver» sea el primer paso antes del salto que nos devuelva la plenitud arrebatada. La imagen poética es un estallido que le arranca la máscara a una realidad forjada por un vacío que lo llena todo. Hay más fantasmas que cuerpos, más muertos que vivos, más nada que todo. Y lo innombrable encuentra nido cálido en esta sucesión de impresiones que nos entrega Clara Freire, a modo de fotografías de la ignominia. Fotografías en duelo. Fotografías de luto. Estampas que encadenan a una realidad que clamamos porque sea menos real, pero no hay modo. Y ahí aparece el poema que no nos deja huir, que nos vuelve visibles, que nos asegura que no tenemos por qué acatar la consigna de NO SER a la que nos han querido condenar.

El poema sabe que «lo que queda se lleva por dentro bien atado a un lugar secreto del corazón» y estos poemas nos conducen a ese lugar donde lo verdaderamente humano es irremplazable y no hay crueldad que lo rebaje. Ese es el lugar de la mirada poética, el lugar donde se posan los ojos cargados de belleza a depositar su ofrenda a los caídos. Efectivamente, duele vivir.

En Abel, la última novela de Alessandro Baricco, el personaje principal confiesa que a lo que más miedo le ha tenido en su vida es a no estar a la altura de su condición humana. Pienso que esa ha sido la apuesta mayor en esta hecatombe: despojarnos de humanidad, extirpar al ser y dejarlo sin la luz de la consciencia. Gracias a la palabra convertida en ala y ancla podemos desafiar ese destino horrendo de carne de cañón. «Dios me salve del rebaño y del pastor», clama el verso, resaltando la impotencia de los vencidos y la sumisión ante los mesías depredadores.

El poema reta a esa realidad impúdica que nos marea bailando la danza de los siete velos, pero no puede sostenerse frente a la ferocidad de la palabra espléndida en el apogeo de su conquista. Hay que cortarle la cabeza a los desalmados que quieren que nosotros también firmemos el pacto que nos dejará sin espíritu.

«Ve al límite de tu anhelo» es el consejo de Rilke. Ese lugar de las sillas vacías marca la frontera. Nuestro anhelo es no convertirnos en lo que odiamos. Triunfar sobre la degradación, y hacer visible la libertad que siempre, siempre vive dentro. Y para eso hay que conocer bien al monstruo y desnudarlo. El primer monstruo de la literatura es el Minotauro de Creta. Y su monstruosidad fue concebida por la mente más que lúcida de los griegos como un fenómeno con cabeza de toro y torso de hombre hasta los pies.

Los monstruos son criaturas que en la cabeza llevan un animal. Tienen invertidas las funciones naturales.

Hemos dejado que todo nos ocurra, lo hemos vivido defendiendo la condición humana, hemos desenmascarado al monstruo y este poemario da fe de la batalla librada contra este tiempo de miseria y locura que nos envuelve.

María Dolores Ara

CARACAS

Mido la alegría del reencuentro por el hueco en el cinturón.

Hoy llora un padre y una madre. Corremos del ahogo a la basura para salvar el cuerpo. El sol lleno de metralla chorrea sangre, llena de moscas las heridas. Hace frío en esta cama.

Despierto y no amanezco.

La muerte aceptada puede tocar de la misma forma que se asigna el número del día para comprar el pollo, el arroz, el azúcar, la mendicidad. Resignación ante la bala, el atropello, el sicariato, el ajuste de cuentas, la tortura, la tumba. Se camina tranquilo a ver qué toca. La vida cotidiana forma parte de la muerte. Así vamos sonriendo y contando cuál es el número de tu día de la semana.

Aterra el silencio. Se escucha una canción de guaracha vieja en ese espacio denso, *incortable.* Veinticuatro grados de bienestar. Calles desiertas. Fantasmas. Camino entre miradas furtivas, gachas, temerosas, llenas de envidia. Babea el hambre mientras la música suena. Un alma solitaria pelea aún por la bondad. Silencio espeso afuera, guaracha adentro. Entre *entrañanzas* y olores.

La vida se resguarda.

Aquel hombre rubio de sonrisa limpia. Aquella chica que reía en las fotos. Aquel médico que arriesgaba la piel curando cabezas heridas. Aquel chico camino al colegio. Aquellos electrocutados por pan. Esos hundidos en el fango para ganar la vida. Aquella señora que paraba las tanquetas con las manos. Aquel Quijote moderno desnudo, delgadísimo, pálido, solo, lleno de perdigones, con una Biblia al ristre embistiendo un caballo de hierro. Esos tirados de balas que riegan las calles de todos los barrios. Aquellos que hace tiempo solo ven mazmorras y gritos. Arrastro tantas muertes. Voy muriendo y solo puedo abrir los ojos y no ver.

No es una ciudad, es un polvorín. Un mechero sin yesca. Una rotura sin hueco. El mundo sin fin de los desamparados. Rayas blancas delimitan los espacios y la pólvora perfuma los cuerpos con el olor del miedo. Lo hemos perdido todo, solo nos acompaña la certeza de la tierra que algún día nos cubrirá en un campo de flores amarillas. Somos la muerte y su ausencia.

Hay una muerte aceptada. Un lugar de sillas vacías. Vuelvo a subir los ladrillos. Lleno las sillas con aliento humano. Espero sin sollozo. La vida nos pertenece, los muertos también.

Doblo la espalda sin la cerviz del esclavo. No soy más perro de drogas. Decido mi propia muerte.

Termino con la incertidumbre.

Los vivos se atropellan en colas. No hay medios puntos. No hay haber y deber. Todos somos deudores de la dignidad. Pedigüeños / míseros / bandidos / corruptos. Vendidos al mejor postor. Se sacan las entrañas antes que entregar el mal habido botín.

Una ciudad para la que no hay presupuesto. Un país sin crédito para la vida, donde la muerte va de contado. Una benévola muerte de dientes filosos y viudas conformes. Un país de soles, uniformes y gorras.

La quema de Cartago. Los niños de Herodes. La matanza de Alejandría. No alcanzan las matemáticas para contar los muertos. Así seremos los olvidados de esta guerra sin nombre que nunca se pelea.

El sol nos abrasa a todos.

Entre árboles, guacamayas y sol juguetea la muerte. El hierro fundido en balas atraviesa la bondad. Los cuchillos pueden venir en la noche. Amanecen en sangre las niñas. El tiempo se vuelve al revés. Se entierran las flores sin raíz. Rota la belleza, el miedo tiembla.

Con los ojos abiertos, abiertos.
8.686 metros de altitud.
6.702 kilómetros.
Traspasamos la puerta de vidrio.
Nos salvamos.
Quedamos lejos del alcance de la bala.

Tanquetas, lanzagranadas antitanques, RPG-7 Ruso, fusiles,
AK 103, pistolas.
8 horas de asalto.
1000 funcionarios, 8 combatientes.
Ejecución sumaria.

En la pared sonríe la mujer vestida de verde. En el pasillo aún resuena el eco de las risas de unas niñas, que ya visten de negro y llevan khol en los ojos. Olvidado en escondrijos el oro de los conquistadores. Cerramos la puerta de madera. El polvo queda como guardián.

Terminamos en cuartos amarillos con pasillos asépticos y candados para proteger historias sin vida. Cajones envueltos en plástico negro. Cajas en plásticos que dejan ver los trozos del parqué, de la cocina, de los edredones de flores, de las alfombras de ladrillo, del mármol, de las lámparas bañadas en oro, de los muebles de madera, de las ventanas al cielo. Dejan ver lo que no está. Hay que dejar la memoria entera. No desmontar los espacios. Resguardar el alma. Solo allí donde nacieron deben morir. Allí debemos dejarlos.

Allí podremos volver a ellos.

Una y otra vez.

MUERTO VIVO

Un cuerpo partido en dos
debe permanecer entero para respirar.

Un muerto no es un cuerpo, un muerto

es su ausencia irremediable.

Un muerto es un espacio.

Genuflexiones para los mortales: reyes de la vida, los muertos nos dan la bienvenida en los cementerios. Sabemos que sonríen por la luz de sus esqueletos. Por la hierba del camposanto que se vuelve verde a nuestra visita. Caléndulas de huesos tintinean. Hay casas del mundo de los vivos donde no hay muertos y no se reconoce al que allí habita.

Por morada un cementerio de vivos. Éter y polvo por igual. Voy como van los muertos vivos. Cierro los ojos para quedarme en lo etéreo que no duele.

Nos lavamos las manos con agua negra. Todo lo resiste el fango. Todo lo cubre la charca. El olor a podredumbre se lleva la peste. Solo el ataúd espera al cadáver que no llega porque el gusano ya se lo comió. Lo bendecimos en fuego para curar el miedo: ríe más fuerte. Los muertos saben que van a morir cuando el olor de las cloacas invade las casas. La muerte se anuncia con un estómago suelto y lo cotidiano se hace irrespirable.

Vestidos de negro, las abiertas piernas dan la bienvenida al día. Se agarran con manos venosas a la tierra árida. Una sábana negra recibe los frutos traídos en vientres ajenos. Oímos sus antiguas plegarias en el movimiento acompasado de las olas. Desde el fondo de los océanos se cuentan las historias cotidianas.

Aquí permanecen.

Los contiene

el lugar sagrado de su nombre.

No conozco al gerente del banco. La geografía de la ciudad es un misterio. El norte y el sur son referencias de otros continentes. No hay a quién pedir un préstamo. Reclamar una mano que te levante. Respiras aire enrarecido de desierto y arena. Duele y no da paz. Raspa. Nos quieren abajo. Sofocados de miedo. Al vaivén de leyes que no conocemos. La injusticia se ve justa. Esos... esos que venimos de lejos, arrastradores de maletas baratas compradas al apuro de la mudanza. Todo es válido en nuestro pellejo. Todo es permitido en la piel de aquel que no ha de ser nunca más.

Del muerto vivo.

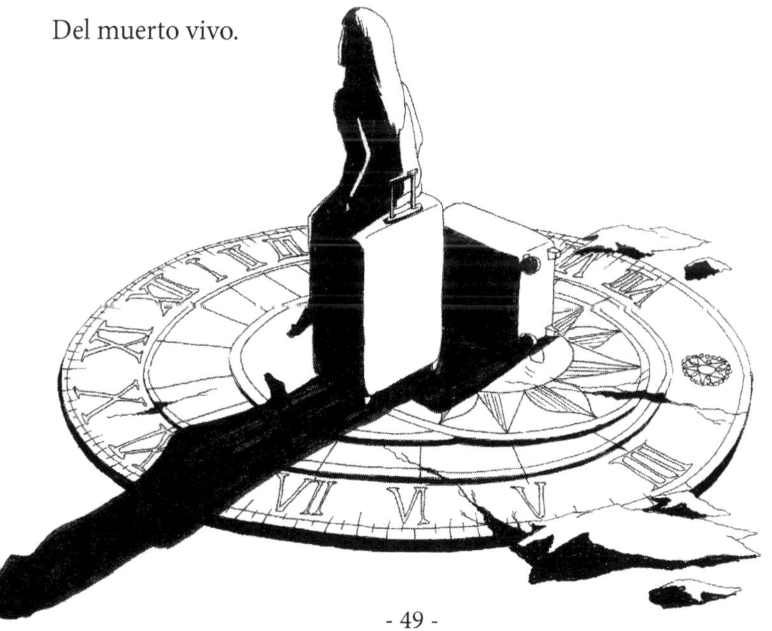

Voltean la cara para no vernos. Nos alegramos cuando alguien nos sonríe y la misericordia nos deja pasar. La saña por algún momento se olvida de nosotros. Sellos en papeles que no valen nada. Marcas ignominiosas de lo que no somos, de lo que no tenemos derecho. He llegado a un cuarto cálido. No me congelo en las fronteras. El frío llega debajo del plumón.

Suena entre los labios una letanía de Padre Nuestro. Agradecemos los pies en la tierra. El recuerdo de la boca salada próxima a la muerte. La cara de la mano extendida en el medio del océano. Olvidamos el llanto por la vida, la manta naranja. Cómo ardía el sol, cómo dolían los brazos. Recordamos. Continuamos en la esquina esperando una sonrisa para ver la cara de Dios. Siguen de largo.

No nos ven.

Nos vamos arrastrando, siguiendo la huella de la serpiente plateada. A nuestra llegada el monstruo muestra las fauces, canta para adormecernos, nos mastica, nos regurgita cubiertos de plástico. Nos convertimos en una imagen plastificada. Dejamos de ser. Somos fantasmas asustados de lo que ya no es. No somos.

La piel hiere la infamia y hay que vestirla de luto.

Rodamos de aquí para allá. Sin existencia. Vislumbramos trozos del naufragio. Aquellos cubiertos con que la abuela comía. Los tazones de china del abuelo. La caja de té de madera. Los libros de novelas y poesía con el precio marcado en lápiz en la contraportada. La caja de ceras infantiles con dibujos japoneses. Los zapatos hechos a la medida. Las muñecas de porcelana. Una ballena beluga. Un cuadro. No hay nada irremplazable en esas cajas de plástico, solo no caben en clósets ajenos.

La vida es lo que no encaja.

El *landlord*, señor de la tierra y de lo que hay en ella
tiene derecho al pago,
sin importar si el pan está en la mesa,
si la leña calienta el puchero.
Amo sobre la vida y la muerte.
Los otros solo somos espinas dobladas a su mandato.
No puedo pagar, señor.
No importa, tienes sangre.
No puedo pagar, señor.
No importa, tienes piel.
No puedo pagar, señor.
No importa, tienes manos.
No puedo pagar, señor.
No importa, no tienes alma.
Y en el reino de los cielos no tienes cabida,
te pueden comer los mastines,
y saborear, saborear tu médula con hambre.
Las pieles coloradas sin alma
no van al cielo.
Benditos seamos en el nombre del Señor.

Estiro mi manta gris a cuadros. Gris es el color de la temporada. Demarco mi territorio. Ese al que creo tener derecho. El que peleo y arrebato. ¿Soy un refugiado en esta cama? ¿Por qué no? Otro más.

Llevo el olor a miedo pegado a los sobacos.

El sol entra a raudales por la ventana. En una cama un cuerpo aún caliente oye el sonar de bisturíes, escalpelos y tijeras. Hay que abrirlo para saber quién era. Sangres y huesos no bastan para saberlo humano. Huele a traición, ha vendido por pan. Llora una madre. Baila el mal. Los amigos militan en la conciencia del hambre. Desaparecieron entre pinos y metralla.

Wayuu
Once años
On-ce-a-ños
Onceaños

Se cuentan los huesos del esternón.

Precintadas a la espalda
esas manos indias y sucias,

cortadas por un cuchillo casero.

Llora la madre.

Lágrimas de lodo.

Uno de seis.
Cinco barrigas llenas de lombrices.
Falta un cuenco.

Llora y todo duele.

Nadie se extraña de ver un cadáver al sol.
Ya somos tantos.
La gente le sonríe.
El chófer del autobús le recibe el tique.
A su lado lee tranquila una joven,
y un par de señoras comentan que estamos a veintiséis grados.
Él sigue sentado.
No se vuelve agua.
Y yo sigo sin comprender
por qué hace tanto frío.

Rieles resortes carriles trenes
puentes torniquetes luces
andamios caminos pasadizos
escaleras carreras personas
avisos puertas
vamos y venimos
una y otra vez
volvemos o venimos
venimos o nos vamos
calientan la fría llave
los bolsillos sin patria.

Quiero perdonar a quienes matan.

Quiero perdonar a la madera de los escudos y sus cruces.
Quiero perdonar el pubis asqueado que regurgita Bromuro.
Quiero perdonar el destello apagado del vibrante verde.
Quiero perdonar las cuencas vacías de las metras de colores.
Quiero perdonar la púdica exhibición de cuerpos ajenos
por corredores grises.
Quiero perdonar a la bala y a su mano.
Quiero perdonar la falta de alfabeto, las comas malogradas,
los puntos finales, los suspensivos.

Quiero perdonarme.

Duele el aire que me envuelve.
Duele la pisada sobre la madera fría.
Duele el sol que calienta a través de la claraboya.
Duele inspirar a través de tráqueas enfermas.
Duele el alma vacía de estómago.
Duele la yema de los dedos que escriben miserias.
Duelen los pies secos de tanto paraíso.
Duele el sexo sediento de calma.
Duelen los brazos que cargan helio.
Duelen las piernas que empujan.
Vivir   Me duele

Quisiera ser como esas personas que no tienen frío en los tobillos.

Quisiera ser como esas personas a las que los aretes no les enfrían las orejas. Como esas personas a las que los anillos no les congelan las manos.

Quisiera ser como esas personas a las que el viento gélido no les corta la respiración. Como esas personas a las que en los momentos de calma no les asalta el desasosiego.

Quisiera ser ese pájaro que en las aguas heladas del Támesis extiende sus alas con placer.

No quiero el abrazo del duelo, sino el suave mecer del llanto de un niño.

La ternura de las bocas infantiles que sonríen ante el holocausto. El trigo limpio en sus manos blancas. El miedo me estremece las vísceras. Las almohadas húmedas del llanto sordo ahogan los gritos del pesar. No quiero el oleaje de la muerte, sino el suave camino de la vida.

Quiero amanecer.

Por hoy, las guerras intestinas, los calabozos, los exilios forzados sangran adentro y no afuera. Doblada ante mí misma pierdo la capacidad de sufrir. Resuenan los tambores del paredón. Fusiles arriba. Fuego. Caen los muertos.

INSILIO

En una casa donde nada te
pertenece,
el aire suena enrarecido.

A veces amanezco con esa nostalgia. Sin calles que lleven mi nombre. A veces amanezco porque hay que amanecer sin sol que me pertenezca. A veces amanezco con los ojos abiertos. Con camino sin pisadas. Como un guijarro sin polvo del andar. Amanezco con ese vestido de colores de un acuático mercado disfrazada de normalidad: el correo, el dentista, las manos, los pies, los zapatos, el vestido, las sandalias, las hierbas naturales, el cansancio, los ojos cerrados, el dolor de cabeza, ese pecho que no sube y baja.

Uno piensa en el café y en las galletas. En las mantas rojas de las casas prestadas. En las cocinas ajenas con el sonido de risas que no reconocemos. Uno piensa en el cuerpo que es uno y que uno es solo un cuerpo. Uno ya no piensa. La vida es el sol que sale. El sol que se esconde. Solo somos, somos solo. No somos. Solo hay un estar.

Sonidos viejos destapan la dermis y la boca reseca ahoga la súplica y se sacia de la sed de agua. Dolores antiguos trepan por el estómago. Un hombre mira, una mujer aguarda. El asfalto ríe ante la ilusión de que podemos alcanzar el azul que no llega. No hay día sin noche. Solo queda la respiración entrecortada del animal que fui.

Todos vestidos. Ese ritual de planchar lo que nos vamos a poner. Qué vestido. Quién ha de venir. Quién ha de llegar primero. Los rituales de la vieja casa se unen con los de esta nueva vida. La torta, los regalos, las servilletas. Los viejos amigos. La manada. Llegan. Aquí vamos. La boca de rojo para que dure el día.

Los famélicos dejamos de tener hambre ante tanta falta de razón. Desterrados de nuestras infancias, el barrio sigue allí y yo aquí sentada en el lugar de los encuentros.

Madre y padre perdieron la fuerza. Sentada en el sillón, rezumo soledad ante una puerta de madera y cristal que mantiene al enemigo a raya. Contenido. El asco se esconde entre rendijas. Se aplasta a pesar de su tamaño. Su siseo nos mantiene en estado de sitio. Llenos de miedo. Prisioneros.

La belleza gastada de la piedra no se aprecia entre los pliegues de las arrugas. Arquitectura de derrotas: madera gastada, mármol hendido, amarillento yeso, batientes sin ventanas, molduras desconchadas. Quién se llevará en el bolsillo la última piedra.

Una pared: arcilla que se derrumba al colocar la mano.

Las ventanas abiertas son una invitación al vacío, a volar en la nada y acercarme al nido de los pájaros que trinan en la antena de la ventana. Una ventana abierta que se lleva la vida. Una ventana abierta puede ser la salvación, la redención de los malditos. Sangre al final de esa ventana abierta. Huesos rotos.

Suena el teléfono. Una voz me dice que puedo optar a una beca en un curso de *marketing*. Que mande mi currículo que pronto me contestan. Y mientras ella habla yo miro la ventana y mi reflejo. Y el cuerpo cae. Y el chino de la frutería se asombra de hallar una mujer desnuda en su patio lleno de lodo y mugre de años. Patíbulo espontáneo para locos voladores. Me sonrío con el chino pensando que la frutería solo es un topo que esconde a algún buda sabio y regañón. Me levanto y vuelo. Y le digo adiós y lo miro sonreír. Y caigo otra vez desde mi ventana.

CUERPO

La niña rota
no es niña
es la rotura.

Hay cárcel sin barrotes. Cárceles calientes, con mantas, donde dan de comer cordero, merluza y arroz. Infusiones para la digestión. Hermosas cárceles donde no se permite la risa y la felicidad tiene un letrero que dice: *No pise el jardín.* Guardianes amables, sufridos, que invocan a Dios a cada paso, que elevan los ojos al cielo ante tanta liviandad. Guardianes sufridos ante el poco sentido común y la falta de empuje del pueblo escogido. Guardianes de la prohibición.

Ora pro nobis.

Ten piedad de nosotros.

Todo pasa a través de la ventana. El viento frío que mueve los árboles bajo el peso del invierno. Las botas que sacuden el tiempo. La desesperanza que ancla el cuerpo y lo devuelve: a la hibernación, al útero sin movimiento, a la fotosíntesis.

Así, la desesperación aguanta bajo el agua donde no se le oye gritar.

Hoy no aguanto el repleto tren. El sofoco de la tierra sobre mí. Desnuda sin mi cuaderno de notas. Absorbo el sol y entiendo que la inclinación de la tierra nos hace diferentes a su calor. El cuerpo define la cadencia. Hay quienes regresan del paraíso con paso propio y encuentran el infierno frío y a gusto. Peregrino de otros lados, me pongo los guantes en el sol y tiritan mis dientes en los parques donde juguetean los niños. No hay con qué calentar las manos. Me muevo buscando cobijo y solo encuentro el viento frío y un aletear de palomas furiosas que me dicen a dónde no pertenezco.

Voy de mano de la locura en tierra inhóspita.

El tren continúa su recorrido. No hay espacios confortables para el cuerpo y el alma se acurruca en un escondrijo resguardado. La aversión empuja y la bondad sonríe. Traqueteamos en el medio con los dientes apretados para no volver a la memoria dolorosa de lo cotidiano. Vuelvo sobre mis pasos. El ahogo me inunda. Indiferentes ante el grito lastimero queremos que acabe. El que muere a nuestro lado no es noticia.

Duele la geografía. Una cantera de piedras rueda cuerpo abajo. Se llevan piel, sangre, riñón, útero, vejiga, páncreas, estómago. El dolor queda apretado en el vértice. Fétido olor a pubis marchito. La rabia aprieta, recorre, convulsiona y no suelta. Nos vamos a la cama. Descansamos el dolor sin tregua. Amanece la sangre en el urinal. Y el animal sigue mugiendo.

Puedes tirar la primera piedra
y la segunda.
Nadie vendrá en mi salvación.
Y no pido perdón.
Amén.

Dios me salve de los idólatras
de aquellos que inclinan la cerviz ante la imagen.
Dios me lleve lejos
de aquellos que creen en su propia bondad.
Dios me proteja
del rebaño y del pastor.

Una vez cese el susurro de la madera
también se irán los pájaros de la memoria.
Nadie recordará el olor ácido del desasosiego.
El cofre verde guardará el secreto de aquel que fue rechazado.
Lo reciben con los brazos abiertos en la antigua tierra de los druidas.

Cuando cese el susurro
quedará el tiempo en la memoria.
Cuando cese
se habrá ido.

No sé por qué a mí me toca dormir entre sábanas y almohadas y a otros soñar entre alaridos y llantos. Tengo esas heridas abiertas por donde entra el mundo y sus horrores.

Un hombre muerto busca a otro hombre muerto que se esconde entre los eucaliptos. Olor a pino y a perros ladrando. El estiércol de las bestias.

Quién cuida los zapatos mientras el agua fría quema los pies.

Índice

*Este libro se terminó de editar en Granada
en febrero de 2026 por*

Aliarediciones

www.aliarediciones.es
info@aliarediciones.es